AF253764

LA VÉRITÉ

LA TUNISIE

PAR

JUSTIN NEU

PARIS

IMPRIMERIE CENTRALE DES CHEMINS DE FER

A. CHAIX ET Cie,

RUE BERGÈRE, 20, PRÈS DU BOULEVARD MONTMARTRE

1870

LA VÉRITÉ

sur

LA TUNISIE

PAR

JUSTIN NEU

PARIS

IMPRIMERIE CENTRALE DES CHEMINS DE FER

A. CHAIX ET Cie,

RUE BERGÈRE, 20 PRÈS DU BOULEVARD MONTMARTRE.

1870

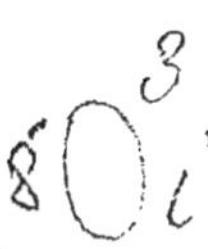

LA VÉRITÉ SUR LA TUNISIE

INTRODUCTION.

Nous n'avons pas la prétention de faire un livre. Mais notre but, pour être plus modeste, n'en est pas moins utile.

Nous sommes de ceux qui pensent que la question orientale est entre toutes une des plus importantes, que la plupart des difficultés européennes trouveront leur solution dans l'aplanissement des difficultés qui pèsent sur les Etats musulmans.

C'est pourquoi nous ne croyons pas superflu d'étudier la question tunisienne, à laquelle se rattachent tant d'intérêts politiques et matériels.

La preuve que notre travail a une portée incontestable, c'est qu'au moment où le différend franco-tunisien prit une tournure sérieuse, on vit le cabinet de Saint-James s'ingérer dans l'affaire, et, mû par un sentiment de jalousie justifié en fait, s'interposer de façon à arrêter le cabinet des Tuileries dans ses vues secrètes.

On sait comment naquit la difficulté à laquelle nous faisons allusion, et comme quoi le gouvernement impérial, qui prétendait s'emparer, dans l'intérêt de ses nationaux, des ressources fiscales du pays, dut rabattre de ses prétentions.

Ce fut en vain qu'il essaya de démontrer qu'un privilége avait été établi en sa faveur; les puissances co-intéressées, et l'Angleterre, notamment, prouvèrent que la Régence, débitrice à la fois de Français et de sujets appartenant à d'autres nationalités, ne pouvait donner aux uns toutes les garanties désirables, tandis qu'elle en priverait entièrement les autres.

Ce fut dans ces conditions qu'intervint un accord entre le gouvernement Impérial, l'Angleterre et l'Italie d'une part, et le bey de l'autre.

A la suite de cet arrangement, il fut convenu que ce dernier ou ses agents continueraient à percevoir les impôts, sauf à rendre des comptes à une Commission internationale, laquelle serait chargée de faire la répartition au prorata des créances.

En France, les intéressés qui se crurent lésés par cette transaction la blâmèrent avec énergie, et prétendirent qu'ils avaient été sacrifiés à de simples convenances politiques.

Il fallait s'attendre à leurs protestations. Il fallait s'attendre aussi à voir le crédit de la Régence diminuer en raison directe de la déception éprouvée par ses créanciers.

Ceux-ci, d'ailleurs, ne négligèrent aucune occasion de nuire au gouvernement Tunisien.

Après avoir critiqué l'arrangement dont nous venons de parler plus haut, ils déclarèrent à tout venant que cette transaction ne sortirait point à effet, que les ressources de la Tunisie étaient épuisées, que la perception des impôts qu'on pouvait encore prélever se faisait mal, que le gaspillage des revenus réalisés était à l'ordre du jour, et qu'enfin, par-dessus tout cela, il fallait compter avec la mauvaise foi du bey, qui n'avait transigé que pour gagner du temps, et qui, soutenu par les Anglais, saurait bien rendre illusoires les engagements pris par lui.

Notre marché, devenu très-défiant à la suite d'une série d'opérations étrangères malheureuses, n'était que trop disposé à accueillir de semblables accusations, et d'autre part, les embarras momentanés de la Régence ne semblaient que trop donner raison à ceux qui cherchaient à la discréditer.

Il fut donc convenu, à partir de ce moment, que tout ce qui se rapportait à la Tunisie devait être

considéré comme de mauvais aloi, et à la dépres-
sion que subirent aussitôt les valeurs tunisiennes,
on put s'apercevoir que le crédit de la Régence
était profondément et irrémédiablement atteint.

Depuis lors, cette situation n'a fait que devenir
plus mauvaise, et l'opinion publique, entièrement
prévenue, ne veut plus croire à une solution honnête.

C'est contre ce sentiment que nous venons es-
sayer de réagir.

Nous ne prétendons pas démontrer que tout
est pour le mieux, ni soutenir que le gouvernement Tunisien est à l'abri de tout reproche.

Nous savons parfaitement, au contraire, que plusieurs des critiques dirigées contre lui sont fondées. Mais ce que nous contestons, c'est d'abord
que le bey soit de mauvaise foi ; c'est qu'il n'ait
pris des engagements que pour les violer ; c'est
qu'enfin la Régence soit épuisée à ce point qu'elle
se trouve, même sous une bonne administration,
dans l'impossibilité de jamais payer ses dettes.

Ce sont là tout autant de faussetés imaginées
par la spéculation ou par les détracteurs systé-
matiques des populations et des institutions orien-
tales, et nous croyons faire œuvre honnête en
contribuant à ramener l'opinion sur des faits
absolument préjudiciables aux intérêts engagés.

Ce qu'il importe d'établir, c'est qu'on est tombé
dans une confusion regrettable et calculée, assurément.

Profitant d'une situation difficile, les ennemis du gouvernement Tunisien se sont servis des apparences pour soutenir qu'il était insolvable.

Or, il est de règle en affaires qu'il ne faut pas confondre entre un individu insolvable et un individu seulement embarrassé dans ses opérations.

Il arrive tous les jours que des maisons dont le crédit est parfaitement établi, suspendent leurs paiements, sans que pour cela ces maisons soient obligées de passer par la faillite.

En affaires, on appelle cela un *engorgement*. Une liquidation énergiquement menée ou une administration plus sage est le remède infaillible à une pareille situation.

Tel est, s'il nous est permis de faire une assimilation, le cas de la Tunisie.

Celle-ci s'est trouvée engorgée.

Subitement mise en demeure de payer, elle n'a point eu le temps de faire face à toutes ses obligations, ni de profiter des heureux résultats que devaient forcément amener les excellentes réformes introduites par le bey.

Mais en fait, la situation est bonne.

Elle l'est, parce que, d'abord, le bey veut se libérer.

Elle l'est, parce qu'une administration plus habile et plus honnête a été substituée aux administrations précédentes.

Elle l'est, parce que, quoi qu'on ait pu en dire,

les ressources du pays, loin d'avoir diminué, augmentent.

Elle l'est enfin, parce que, comme, garantie des promesses faites, la Régence a accepté le contrôle d'une Commission internationale, chargée de veiller pour les intérêts en jeu.

Cela dit, on voit sur quoi doit s'appuyer notre démonstration, et l'on sent que nous sommes amené à nous occuper successivement :

1° De la situation agricole, industrielle et commerciale de la Régence;

2° De sa situation politique;

3° De son administration;

4° De son gouvernement;

5° Des réformes que ce dernier a introduites et se propose d'introduire.

CHAPITRE PREMIER.

La Tunisie au point de vue des ressources territoriales.

S'il est vrai que la fertilité du sol soit pour un pays la première des conditions de prospérité, la Tunisie renferme des éléments qui ne le cèdent en rien à ceux des pays les plus favorisés par la nature.

Placée entre l'Algérie à l'Ouest et l'Etat de Tripoli à l'Est, son territoire a une étendue de 580 kilomètres, du Nord au Sud, sur 290.

Près de trois millions d'habitants sont disséminés sur cette surface.

Par suite de sa position géographique, elle jouit d'un climat meilleur que celui des territoires voisins, et son sol, coupé de cours d'eau, est d'une fécondité incomparable.

Toutes les cultures peuvent y être utilement exploitées.

On trouve dans la zone tempérée les productions de l'Europe méridionale, tandis qu'en se rapprochant de l'intérieur, on y rencontre celles des régions équinoxiales.

C'est dire que le jour où les bras ne manqueront pas à l'agriculture, on obtiendra des résultats merveilleux.

Mais pour le moment, ce qui constitue le principal revenu du pays, c'est la culture des dattes.

On sait que les dattes de Tunis sont les plus renommées et font prime sur tous les marchés du monde.

L'impôt sur les dattiers constitue un des principaux, sinon le principal revenu du bey.

Il ne faut pas non plus oublier le revenu produit par la culture du tabac, qui égale au moins le revenu sur les dattiers, et qui a été cédé à la Commission internationale, au moment où est intervenu le traité dont j'ai fait mention dans l'introduction.

Et ce ne sont point là, il faut bien se le persuader, de faibles ressources.

La culture du tabac est, en effet, pratiquée sur la plus large échelle.

Quant à la culture du palmier-dattier, elle est non moins étendue.

C'est par millions que l'on compte les pieds de cette espèce d'arbre dans la région où l'on récolte ses produits. Or, comme les indigènes ont appliqué, avec une intelligence extrême, le mode d'irrigation dont les Arabes se servirent en Espagne au moment de la conquête, ils ont donné au sol une fécondité exceptionnelle, et les résultats qu'ils obtiennent sont vraiment prodigieux.

On a fait, au point de vue de la perception de ce revenu, des critiques très-sérieuses à l'administration tunisienne.

Ces critiques, il faut le reconnaître, se sont trouvées fondées pendant un certain temps; mais aujourd'hui elles le sont beaucoup moins.

A l'ancien mode de perception qui se pratiquait d'une façon arbitraire, on a substitué, petit à petit, un mode nouveau qui, tout en étant moins onéreux pour les populations, assure au Trésor tunisien un revenu plus considérable et beaucoup plus régulier.

Tout n'est peut-être pas encore fait de ce côté; mais les réformes qui sont chaque jour introduites sur l'initiative du bey, permettent d'espérer que dans un avenir prochain, le principal impôt de la Régence sera assis sur des bases solides et parfaitement déterminées.

Il y a quelques années à peine, l'administration du bey était encore, en quelque sorte, à l'état rudimentaire.

Mais Mehemed-Sadik s'étant convaincu que la partie administrative du gouvernement d'un État est un des éléments principaux de sa prospérité, a envoyé en Europe des hommes spécialement chargés d'étudier les systèmes administratifs des différents Etats, et leur a successivement confié le soin d'appliquer ce qui leur a paru être d'application possible et immédiate en Tunisie.

Il est résulté de cela, comme nous l'avons dit plus haut, une amélioration sensible dans la situation financière de la Régence.

Nous sommes loin de l'époque où l'on pouvait écrire les lignes suivantes, à propos de l'administration tunisienne :

« Tout sujet a droit de porter ses réclamations jusqu'au juge suprême ; aussi voit-on beaucoup d'Arabes élever plaintes contre les exactions des caïds ou gouverneurs de provinces, villages, etc. Mais les impôts sont mis à ferme, la charge de caïd est souvent achetée, et il faut que les malheureux contribuables paient et pour l'impôt et pour la charge. Le bey sait bien qu'il est volé par ses agents ; mais les habitudes de dilapidation sont tellement invétérées, qu'il est impossible d'y remédier » (1)

Indépendamment des ressources qu'offrent ou que pourraient offrir les cultures variées auxquelles se prêterait le sol de la Tunisie, il en est d'autres qui ne demandent qu'à être exploitées et qui le seront très-certainement dans un avenir prochain.

Certaines parties du territoire contiennent des mines d'argent, de cuivre, de plomb, de mercure et de sel.

Les mines de cuivre et de plomb sont particulièrement d'une grande richesse, et déjà l'on a songé à en tirer parti.

Sous le règne précédent, il fut question de les mettre en valeur.

Mais à cette époque, indépendamment qu'il eût été difficile d'organiser une exploitation suffisante, l'autorité du bey n'était pas assez solidement établie.

Il était vis-à-vis de la Porte dans un état de dépendance beaucoup plus étroit qu'aujourd'hui, et comme Méhémet-Ali craignait de se trouver sous le coup de revendications de la part du Divan, plutôt que de s'exposer à un conflit, il renonça à son projet.

Actuellement, les conditions des rapports existant entre Méhémet-Sadik et le chef de l'Islamisme se sont sensiblement modifiées, et tout porte à croire que si le bey voulait tirer parti de ces mines, il pourrait le faire sans que la Porte élevât de prétentions exorbitantes.

Ainsi, on le voit, si l'on considère la situation de la

____

(1) *Revue de l'Orient*, Le Bey de Tunis.

Régence au point de vue de ce que nous appellerons ses ressources naturelles, on reste convaincu qu'elle ne le cède en rien aux pays les plus heureusement dotés sous ce rapport.

Il reste démontré, en outre, que non-seulement les revenus actuels de l'impôt peuvent suffire aux exigences de la situation, mais que ces revenus, devant forcément s'accroître sous une administration intelligente, pourront constituer, dans un avenir assez rapproché, une position financière extrêmement solide.

CHAPITRE II.

La Tunisie considérée au point de vue de l'Industrie.

Nous allons maintenant examiner quelles sont les ressources que peut tirer le gouvernement Tunisien de l'industrie du pays.

Lorsqu'à propos d'un peuple d'origine arabe, on parle de son industrie, la chose étonne tout d'abord.

L'industrie des races mahométanes et particulièrement de celles qui sont venues se fixer sur la côte nord de l'Afrique, n'existe, pour ainsi dire, que de nom.

Chacun connaît les produits de cette industrie, qui s'exerce sur un très-petit nombre d'objets et sur des objets qui n'ont, au point de vue commercial, qu'une importance relative.

C'est une industrie qu'on pourrait appeler *de fantaisie.*

Nul n'ignore, par exemple, que pour les Arabes, leur état le plus commun est l'état pastoral.

Essentiellement nomades par tempéramment, leur but le plus ordinaire est d'arriver à se constituer un troupeau, source pour eux de toute richesse et de toute indépendance.

Il résulte forcément de ces mœurs que ce qu'on

appelle l'indiustre est une chose absolument dédaignée par eux.

Il est vrai qu'en se rapprochant de la côte, on trouve des populations un peu moins instables ; mais nonobstant, ces populations n'ont, au point de vue industriel, que des notions extrêmement vagues.

Il n'en est pas ainsi d'une notable portion de la population tunisienne.

Toute la partie de cette population qui habite la côte est essentiellement industrieuse, dans toute l'acception du mot.

A Tunis, par exemple, on rencontre de vraies fabriques, organisées d'après le système des fabriques européennes et soumises, dans une certaine mesure, à une administration identique.

En résumé, ce qu'il y a de bien certain, c'est qu'on y confectionne des lainages, des cuirs, des étoffes de soie, et surtout des calottes, qui ont une renommée universelle, soit à cause de leur qualité comme étoffe, soit à cause de leur qualité comme teinture.

Ces produits donnent lieu à un commerce considérable, et sont pour le Trésor une source sérieuse de revenus.

Le marché des laines est incontestablement le plus important de toute la côte africaine, et s'il est vrai que celles de Tunis soient communes, il est non moins vrai qu'au fur et à mesure qu'on approche du Sud, on en trouve de qualité supérieure, telles que les laines de Souza et de Tougoust.

Dans les villes du littoral de la Régence, les femmes filent et font des bournous.

Les haïks et les couvertures sont confectionnés par des tisserands.

Ce genre de tissage qui, il y a une vingtaine d'années, avait lieu au moyen de procédés très-primitifs, s'est beaucoup perfectionné depuis.

Les haïks et les bournous tunisiens sont très-recherchés, comme marchandise courante, sur tous les marchés arabes de l'intérieur.

Toutefois, il faut dire que tous les articles de ce genre, vendus à Tunis ou dans les autres localités de la Régence, ne sont pas de fabrication tunisienne.

Une grande partie est importée; mais cette importation, qui est presque inévitable, produit elle-même un revenu d'une assez grande importance.

Autrefois, le Gouvernement livrait, moyennant une redevance annuelle de dix mille francs, le monopole de cet impôt; mais aujourd'hui les choses sont modifiées.

Quant aux calottes rouges qu'on trouve sur tous les marchés des pays musulmans, elles donnent lieu à un commerce d'exportation très-étendu, et procurent encore à l'État un revenu assez fort.

Il résulte de ce qui précède que les ressources provenant de l'industrie du pays doivent être prises en considération, et qu'elles contribuent à donner à la situation financière de la Régence une valeur, au moins éventuelle, toute spéciale.

CHAPITRE III.

La Tunisie considérée au point de vue du Commerce.

Il nous reste maintenant à examiner quelles sont les ressources commerciales de la Régence.

Le commerce de ce pays se divise en trois catégories :

1° Commerce d'importation ;
2° Commerce d'exportation ;
3° Transit.

En sa qualité de pays industriel, le commerce de la Tunisie consiste forcément dans l'importation et dans l'exportation.

Par suite de ce fait que les matières premières manufacturées ne sont point prises dans les productions du sol, il se trouve que ces matières importées sont au moins égales en quantité aux objets manufacturés qu'on exporte.

On sait, en effet, que l'industrie des laines forme la base de l'industrie générale.

Or, comme il y a relativement fort peu de pâturages et par conséquent fort peu de bestiaux dans la contrée, la plupart des laines qui servent à la fabrication des burnous, haïks, etc., viennent des pays circonvoisins.

Quant aux soies dont se servent les indigènes pour fabriquer leurs tissus, elles leur arrivent toutes de l'étranger.

Il résulte de cet état de choses, qu'il s'établit entre la Tunisie et les autres États musulmans qui l'avoisinent, ainsi qu'avec les populations du Levant, un mouvement continu d'affaires, qui développe et maintient chez elle l'esprit de négoce et de transactions commerciales.

C'est assurément à ce fait qu'est due la prospérité de la capitale de la Régence, qui est une des plus peuplées et des plus riches des cités mahométanes de la côte d'Afrique.

Mais ce n'est pas tout.

En raison de sa situation géographique, la Tunisie semble être destinée à servir de trait d'union entre l'Europe, le Levant, d'une part, et les populations de l'intérieur de l'Afrique, d'autre part.

Elle est, en outre, particulièrement servie pour ce commerce de transit par ses aptitudes particulières pour le négoce, et par sa supériorité sur les populations placées sur ses confins.

On ne peut nier qu'il n'y ait en cela un puissant élément de prospérité.

Il est indubitable que le jour où, sous l'impulsion d'un gouvernement intelligent et hardi, et eu égard aux progrès déjà réalisés, tous ces éléments se seront développés dans une large proportion, il est indubitable, disons-nous, qu'à partir de ce jour la Tunisie ne devienne un pays extrêmement florissant.

Du reste, pourquoi ne jouerait-elle pas, à notre époque et par les mêmes raisons qui firent de Carthage le grand entrepôt de l'Orient et de l'Europe civilisée, le même rôle que joua cette ville (sur l'emplacement de laquelle elle est, pour ainsi dire, bâtie) dans les temps antiques?

Ces éventualités peuvent, d'ailleurs, se réaliser à prochaine échéance, tout au moins en partie.

Il est hors de doute que le développement inévitable de notre colonie algérienne n'amène des changements notables et heureux dans les conditions d'existence de la Tunisie.

C'est pourquoi, étant donnée la situation telle que nous venons de l'exposer succinctement, on arrive à cette conclusion, savoir :

Qu'au point de vue commercial, les ressources de la Régence ne sont pas moins nombreuses qu'au point de vue agricole et industriel.

CHAPITRE IV.

La Tunisie considérée au point de vue politique.

On est maintenant édifié sur la valeur des ressources de toute nature que la Régence a à sa disposition.

Ce fait établi, il ne reste plus qu'une démonstration à faire.

C'est de démontrer que ces éléments divers de prospérité ne seront point étouffés par un mauvais gouvernement.

Pour un particulier comme pour un État, tout, en effet, ne consiste pas dans la richesse dont il dispose.

Ce qu'il faut, avant tout, c'est qu'on sache tirer parti de cette richesse et que, grâce à une bonne administration, on la fasse valoir.

Or, les détracteurs des pays orientaux ne nient pas généralement que ces pays ne soient riches et fertiles et qu'ils ne contiennent des ressources, pour ainsi dire, inépuisables.

Mais une fois ces concessions faites, ils refusent d'aller plus loin et prétendent que, vu la constitution politique et sociale des États musulmans, il est impossible de croire qu'ils arrivent à tirer parti des avantages placés entre leurs mains.

Ils accusent volontiers le fanatisme et la paresse de leurs populations, et ils déclarent que l'Arabe, comme le Turc, est foncièrement rebelle à tout progrès, et qu'il se refuse à toute amélioration intellectuelle, morale ou administrative.

Ces personnes semblent oublier que ce fut grâce au génie arabe, qu'à une certaine époque l'Espagne devint la plus florissante d'entre toutes les nations européennes, et que c'est depuis leur expulsion que celle-ci se trouve en proie à l'espèce d'anémie générale qui la rend impuissante.

Au surplus, le moment est fort mal choisi pour adresser un tel reproche aux Musulmans.

Il est hors de doute que tous sentent la nécessité de sortir des conditions d'infériorité dans lesquelles ils se trouvent, pour se mettre à la hauteur des progrès de la civilisation moderne.

En Turquie, en Egypte, on fait des efforts surhumains pour redonner aux populations énervées le ressort qui leur manque, et on agit de manière à les soustraire à l'oppression morale que l'élément théocratique fait peser sur elles.

Et pour ne point sortir de notre sujet, nous dirons qu'en Tunisie, peut-être plus qu'ailleurs, on s'inquiète d'aller en avant.

De même qu'il est des hommes auxquels le bey a confié la tâche d'étudier l'ensemble de notre rouage administratif, de même il en est d'autres qui se préoccupent de trouver les moyens d'arriver à l'émancipation morale du peuple, condition sans laquelle on ne peut réaliser aucune espèce d'amélioration durable.

Un homme éminent et qui occupe auprès du bey une situation importante, a été vivement frappé de l'infériorité dans laquelle se trouvent placés, par rapport à nous, les Etats islamiques.

Ardemment désireux de pousser son pays hors de l'ornière où il se trouve enfoncé, il a médité les moyens les plus propres à atteindre ce but.

Nous trouvons dans une publication très-remarquable qu'il a faite, des considérations générales dont l'évidence frappe :

Nous croyons ne pouvoir mieux faire que de les reproduire ici.

En même temps que ces considérations indiquent les causes de décadence des populations turques ou arabes, elles indiquent aussi le remède à appliquer pour les ramener au progrès.

« Après avoir longuement médité, l'histoire à la main,
» sur les causes du progrès et de la décadence des
» sociétés anciennes et modernes, et m'être tenu, autant
» que possible, au courant de ce qui, chez nous et à
» l'étranger, a été publié sur le passé ou préjugé d'a-
» près les données de l'expérience, sur l'avenir des
» peuples musulmans, j'ai dû me convaincre, comme
» de vérités qui ne sauraient être mises en doute ni
» sérieusement contestées par aucun musulman sensé,
» que, au milieu du mouvement général des esprits et
» dans l'état actuel des nations qui rivalisent entre
» elles dans la recherche du bien et du mieux, nous ne
» pourrions pertinemment apprécier et recommander
» ce qu'il convient de faire chez nous, sans connaître

» ce qui se passe chez les autres, particulièrement chez
» ceux qui sont autour et près de nous ; et que de nos
» jours, avec la rapidité des communications et les
» moyens encore plus rapides de la transmission de la
» pensée, il faut considérer le monde, par rapport aux
» nations, comme un seul pays habité par des races
» différentes, en contact toujours plus fréquent entre
» elles, ayant des intérêts identiques à satisfaire et
» concourant, quoique séparément, à l'avantage commun.

» En partant de ces prémisses incontestables, tout
» bon Musulman, convaincu que la loi islamique suffit
» constamment et partout à toutes les exigences du
» spirituel et du temporel, et sachant qu'une bonne
» réglementation des affaires civiles ne peut être qu'a-
» vantageuse aux intérêts religieux, doit reconnaître
» avec regret que la plupart des ulémas, qui sont in-
» vestis de la double mission de sauvegarder les inté-
» rêts spirituels et matériels de notre loi théocratique
» et de développer l'application successive de cette der-
» nière, par une interprétation intelligente et conforme
» aux besoins de l'époque, se montrent peu soucieux
» de connaître les affaires intérieures de leur pays, et
» qu'ignorant complétement ce qui se passe chez les
» autres, ils se trouvent, par suite, sans qu'il soit
» besoin de le démontrer, dans l'impossibitité de rem-
» plir convenablement leur mission temporelle.

» Or, est-il admissible que ceux qui sont destinés à
» être les médecins de la nation ignorent la nature du
» mal, ou ne mettent leur gloire à être initiés aux
» principes les plus élevés de la science que pour ne
» pas les appliquer ?

» C'est aussi avec non moins de regret qu'on doit
» reconnaître que, parmi les hommes d'Etat musul-
» mans, il y en a qui partagent réellement l'ignorance
» politique des ulémas, et d'autres qui l'affectent de
» parti pris, parce qu'ils sont intéressés au maintien
» du despotisme.

» Dans cet état de choses, j'ai pensé qu'en publiant
» le résultat de mes longues et consciencieuses recher-
» ches, et des observations personnelles que j'ai été à
» même de faire pendant le cours de plusieurs mis-
» sions dont Son Altesse le bey m'a honoré auprès des
» gouvernements amis, je ferais un travail de quelque
» utilité pour l'avenir de l'Islamisme, si j'atteignais le
» but de mon ouvrage, qui est de mettre nos ulémas
» en état de mieux remplir leur rôle temporel et de
» ramener dans la bonne voie les hommes égarés,
» hommes d'Etat ou simples particuliers, en faisant en-
» trevoir quelle devrait être la marche de nos affaires
» à l'intérieur et à l'extérieur, en mettant les uns et
» les autres à même de connaître ce qu'il importe de
» savoir à présent sur l'état politico-économique des
» nations européennes, particulièrement de celles qui
» ont avec nous des relations plus fréquentes ou plus
» intimes, et, enfin, en leur inspirant le désir d'imiter
» la louable persévérance des Européens à se procurer
» toutes sortes de renseignements sur l'état matériel et
» moral des différents peuples du globe, ce qui, du
» reste, est rendu plus facile aujourd'hui qu'autrefois,
» par la création de nouvelles voies de communication
» qui ont raccourci les distances et rapproché les
» limites des États.

» A cet effet, j'ai résumé ce qu'il m'a été possible de
» recueillir sur les nations européennes et sur leur ins-
» titutions politico-administratives, et j'ai parlé de l'état
» où ces nations se trouvaient anciennement, des
» moyens qu'elles ont employé pour atteindre le haut
» degré de progrès et de prospérité dont elles jouis-
» sent maintenant. J'ai parlé aussi de l'ancienne so-
» ciété musulmane, à qui les historiens européens
» eux-mêmes reconnaissent la priorité dans les sciences,
» le progrès et la prospérité nationale au temps où
» notre loi politico-religieuse était savamment expliquée
» et rigoureusement appliquée dans toutes les affaires
» publiques.

» En indiquant les moyens employés en Europe, j'ai
» été naturellement amené à faire plus spécialement
» ressortir ceux qui, se trouvant conformes ou tout au
» moins non contraires aux préceptes de notre loi théo-
» cratique, m'ont paru les plus propres à nous faire
» reconquérir ce que nous avons perdu, et à nous tirer
» de notre état actuel. »

Comme on le voit par l'extrait qui précède, si la situation morale et intellectuelle des esprits en Tunisie
laisse beaucoup à désirer, et si cet état de choses constitue un élément d'infériorité et un obstacle au progrès,
il existe aussi parmi les hommes qui sont au pouvoir
ou qui sont appelés à le partager dans l'avenir, des
préoccupations sérieuses qui permettent de supposer
que, dans un délai prochain, les choses changeront de
face dans la Régence.

Ce qu'il y a de plus dangereux pour l'application des

réformes nécessaires à introduire, c'est, d'une part, la routine et l'ignorance des populations; c'est, d'autre part, le fanatisme entretenu par les ulémas.

En Tunisie, comme dans tous les pays islamiques, l'élément théocratique exerce une influence considérable sur le peuple, et pour ne rien perdre de cette influence, il l'entretient dans l'idée que toutes les innovations européennes sont autant d'inventions dangereuses qu'on doit bien se garder d'importer, attendu qu'elles sont absolument contraires aux préceptes du prophète.

Interprétant avec une habileté rare les textes du Coran, ils donnent à leur système une apparence de vérité, et par suite une autorité avec laquelle il faut que les gouvernements comptent sans cesse.

De là, pour ces derniers, une difficulté énorme d'arriver à faire accepter le moindre progrès.

Ne voit-on pas ce qui se passe en Turquie, et quelqu'un ignore-t-il que la plus grande difficulté que la Sublime-Porte ait eu à vaincre jusqu'à ce jour a été l'influence du clergé musulman ?

N'est-il pas avéré qu'à chaque application d'une réforme nouvelle, les ulémas ont poussé les hauts cris, proférant contre le sultan et les hommes du pouvoir les plus graves menaces ?

Il n'a pas tenu à eux que la Turquie ne restât absolument stationnaire, pendant qu'à côté d'elle d'autres pays, emportés par la loi du progrès, marchaient à grands pas vers une amélioration sociale et politique sans cesse croissante.

Il est de toute évidence que si le pouvoir se fût

trouvé en des mains moins fermes que celles d'Abd-el-Aziz, et que si la conduite des affaires eût été conférée à des hommes moins éclairés que ceux qui dirigent en ce moment les affaires de la Sublime-Porte, cette dernière, justifiant le mot célèbre de l'empereur Nicolas, eût, comme un *homme malade*, dépéri lentement, sans que le mal eût pu être combattu.

Mais heureusement que, depuis tantôt vingt ans, les hommes d'Etat turcs qui sont placés à la tête de leur pays ont su dépouiller les vieux préjugés, passer pardessus les barrières de l'ignorance, laisser de côté l'élément théocratique et se diriger hardiment vers le progrès.

Mais ce qui est relativement facile à faire pour l'empire Ottoman, est bien plus difficile à réaliser pour les États qui se trouvent placés sur la côte nord de l'Afrique. Grâce aux nombreuses relations commerciales qui mettent la Turquie en contact permanent avec les populations du reste de l'Europe, grâce à la position géographique de cette dernière, les sujets Turcs se trouvent, en quelque sorte, préparés à recevoir les réformes qui doivent transformer leur existence politique et sociale.

Mais il n'en est pas ainsi des anciens États barbaresques.

En quelque sorte isolés dans leur civilisation, séparés en outre, par la Méditerranée, du mouvement européen, ils vivent dans un *statu quo politique et social* qui les place de plusieurs centaines d'années en arrière sur la route du progrès.

Pour eux, ils ne connaissent qu'une loi, c'est celle

de Mahomet; qu'une civilisation, la civilisation maho-
métane; qu'un seul gouvernement, le gouvernement
autoritaire; qu'une influence supérieure, l'influence du
clergé.

Hors de là, ils ne voient rien et ne veulent rien
connaître.

Tel est l'état des choses à Tripoli, au Maroc, dans
la région du Sud.

On conçoit qu'en présence d'un tel fait, la tâche que
les gouvernements ont à remplir, soit pour ainsi dire
herculéenne.

Cependant, il faut l'avouer, les conditions sont moins
mauvaises en Tunisie qu'ailleurs, et cela parce que la
Régence, constamment en rapport avec le Levant ou
avec l'Europe, se trouve, dans une certaine proportion, plus apte à se soumettre à l'impulsion du progrès
que les États dont elle est entourée.

Mais il ne faut pas s'y méprendre, cette prédisposi-
tion n'est que relative, et il y a loin des aptitudes des
sujets du bey à celles des sujets du sultan.

C'est donc par une réforme sociale et religieuse que
l'on doit procéder tout d'abord, si l'on veut établir quelque chose de bon dans la Régence.

Il faut, avant de défricher le sol, défricher les esprits.
Il faut, avant de leur imposer le progrès, les préparer
à le recevoir.

Voilà pourquoi quelques-uns des hommes qui entou-
rent le bey, et entre autres le général Khérédine, songent avant tout à une réforme sociale. Voilà pourquoi
ils signalent comme la première des choses à extirper,

avant une importation civilisatrice quelconque, l'influence théocratique.

Il ne faut donc plus s'étonner, si avant d'organiser sur des bases savantes les services administratifs, si avant de construire des chemins de fer, de mettre les mines en valeur, de tirer parti des ressources de toute nature qu'offre le pays, en les soumettant à une exploitation plus largement appliquée, Méhémet-Sadik et son entourage songent à d'autres réformes bien plus nécessaires.

On a peine à comprendre cela en France et dans les autres pays européens; mais si l'on se disait qu'on a à faire avec un État dans lequel l'autorité du chef politique est, en quelque sorte, subordonnée à l'autorité morale du premier marabout venu; qu'il suffit qu'un illuminé parcoure les tribus et les tentes en proclamant que la loi de Mahomet est violée, pour qu'aussitôt l'effervescence règne dans une contrée, pour qu'aussitôt on refuse de payer l'impôt et de se soumettre aux prescriptions du bey; on verra qu'avant tout il importe à ce dernier et à ceux qui gouvernent avec lui, de se débarrasser d'une influence qui met toute autorité régulière en échec.

On ne tient pas assez compte en Europe de ces difficultés, ni des efforts incessants faits pour les vaincre.

On raisonne trop comme s'il s'agissait de relations avec un peuple aussi bien organisé, administré, assoupli que les populations européennes.

De là toutes les récriminations contre le gouvernement tunisien. De là toutes les incitations de la part de ceux qui pensent que, grâce au prétexte qui nous est fourni de nous fâcher contre le bey, nous pourrions bien lui faire subir le sort que subit autrefois le dey d'Alger, et réunir le territoire tunisien à notre possession algérienne.

Ce n'est point autre chose que, dans le fond, ont eu en vue ceux qui, à une certaine époque, demandaient qu'on allât réclamer le paiement des sommes dues à nos nationaux, en appuyant cette réclamation d'une démonstration navale.

CONCLUSIONS.

Telles étaient les observations générales que nous avions à présenter au sujet de la Tunisie.

Nous croyons avoir démontré, d'une part, que les intéressés français n'avaient pas affaire à un débiteur insolvable, et que s'il était vrai que, pour le moment, la liquidation de la dette tunisienne fût difficile à opérer, il n'y avait cependant pas péril en la demeure.

Maintenant, nous dirons mieux, et nous soutiendrons que si le gouvernement Impérial n'était pas venu se jeter brusquement à la traverse des négociations entamées à une certaine époque par la Banque franco-italienne, il est plus que probable qu'aujourd'hui le service des annuités à payer se ferait régulièrement, et que depuis longtemps déjà le bey aurait commencé à amortir sa dette.

Il est certain, en effet, qu'au moment de la malencontreuse intervention de M. de Moustier, l'Angleterre et l'Italie songeaient peu à exercer une action diplomatique sur le gouvernement de la Régence pour l'amener à bonne liquidation effective.

Les intéressés poursuivaient chacun de leur côté, et

par les voies et moyens qui leur convenaient, le recou-
vrement de leurs créances.

C'était au plus habile ou au plus diligent à prendre
une situation avantageuse, et rien, que nous sachions, ne
permet de supposer qu'alors les maisons chargées du
règlement de cette affaire aient procédé d'une manière
inhabile.

Si au contraire on compare les conditions qui avaient
été faites à la Banque franco-italienne à celles qui ont
été faites plus tard à la Commission internationale qui
fonctionne actuellement, on voit que les premières étaient
bien préférables aux secondes.

Tandis qu'en effet la Commission d'aujourd'hui règle
le taux de la rente à servir sur le pied de 5 0/0, la
Banque franco-italienne le réglait sur le pied de
6 0/0.

Donc, de ce chef, la situation actuellement faite aux
créanciers du bey est inférieure.

En intervenant, le gouvernement français ne pouvait
avoir qu'une excuse, c'était de prouver que, grâce à
une énergique pression de sa part, on allait enfin amener
à une exécution immédiate. Or, depuis cette intervention, quel résultat a-t-on obtenu?

Nous avons vu quelle a été, dans la séance du Corps
législatif du 23 mars dernier, la réponse du Ministre
des affaires étrangères à l'interpellation de M. Jubinal.

Ce dernier ayant appelé l'attention de la Chambre sur
les Obligations tunisiennes de 1863 et de 1865, a
demandé à M. le Ministre des affaires étrangères de
s'expliquer à cet égard.

M. le comte Daru a alors rappelé, en quelques mots,

l'origine de la question, et pour toute explication il a dit que le gouvernement Impérial, s'étant ému de la situation faite à nos nationaux, avait cru devoir intervenir.

Il a ajouté qu'en 1866, on avait obtenu du bey de Tunis la création d'une Commission remplissant, en quelque sorte les fonctions d'un syndicat et renfermant deux fonctionnaires tunisiens et un fonctionnaire français, lesquels devaient concentrer entre leurs mains les produits des douanes et des tabacs pour le paiement de la dette.

Le ministre a ajouté qu'une Commission avait en outre dû fixer le chiffre de la créance de nos nationaux, et que le service de cette créance avait été réglé à 6,500,000 francs de rente annuelle.

Enfin, il a conclu en disant qu'il existait un traité avec le bey; mais que, malheureusement, il était plus facile de faire des traités avec lui que de les faire exécuter.

Telle a été la réponse de M. le comte Daru.

Elle n'a satisfait personne, et cela se conçoit. Cependant M. Jubinal avait fait la part belle au Gouvernement. Il avait déclaré, au cours de son interpellation, qu'il fallait faire la part de toutes choses et qu'il reconnaissait, pour son compte, que la Tunisie s'était trouvée dans de tristes circonstances, désolée à la fois par la famine, la sécheresse, le choléra.

C'était évidemment tendre la perche au gouvernement français, et lui ménager les moyens de sortir de la situation fausse dans laquelle il se trouve placé; c'était lui donner l'occasion de dégager sa responsabilité compromise.

En présence de la manière dont la demande de
M. Achille Jubinal était formulée, le comte Daru
n'avait qu'une seule chose à faire ; c'était de reconnaître qu'en effet la Tunisie avait traversé des temps
très-durs et que le bey ne pouvant compter, pour se
libérer, que sur le produit des impôts prélevés sur le
revenu du sol, le sol ayant été improductif, la libéra-
tion n'avait pu avoir lieu.

Au lieu de cela, le Ministre des affaires étrangères,
ne voulant pas, sans doute, infliger un blâme posthume
à son prédécesseur, a mieux aimé faire tomber un
grave reproche sur le bey et sur son gouvernement.
*Malheureusement, a-t-il dit, il est plus facile de faire des
traités avec le bey de Tunis que de les faire exécuter.*

Le ministre a eu doublement tort de prononcer de
telles paroles. D'abord, parce qu'en les prononçant, il
fait l'aveu de l'impuissance du gouvernement français,
et parce que, d'autre part, il a alarmé inutilement les
intérêts engagés.

Comment ! c'est un Ministre des affaires étrangères
de France qui, en parlant des engagements pris par le
bey, engagements que celui-ci se refuse à exécuter,
vient déclarer en pleine Chambre française qu'il est
difficile de le contraindre ?

Mais c'est là une amère dérision, et à qui pourra-
t-on jamais faire croire chose pareille ! N'est-il pas clair
que si le gouvernement français n'exerce pas une pression plus énergique, cela tient uniquement à ce que
des motifs graves s'y opposent ? N'est-il pas évident
que la France ne saurait agir par voie de coërcition
contre la Tunisie, alors que l'Angleterre et que l'Italie,

intéressées comme elle, ne jugent ni nécessaire, ni opportun de procéder par la force?

Non, ce n'est pas le seul désir de sauvegarder les droits de ses nationaux qui a amené le cabinet des Tuileries à faire ce qu'il a fait, pendant que M. de Moustier était aux affaires.

Il fallait trouver un prétexte pour mettre le pied dans la Régence, pour s'y maintenir définitivement. Ce prétexte, l'attitude du bey vis-à-vis du gouvernement Impérial ne permettait pas de le rencontrer. Il reconnaissait sa dette, il ne refusait pas de la payer, il demandait seulement à entrer en arrangement avec les créanciers, et il poursuivait dans ce but des négociations avec eux.

Troubler ces négociations, froisser le gouvernement Tunisien, l'amener, par suite, à quelqu'acte compromettant, telle était la tactique à adopter pour faire jaillir l'occasion si ardemment recherchée ; on l'adopta, et c'est alors qu'eut lieu l'intervention de M. de Moustier.

Il ne dépendit pas de cet homme d'État de renouveler pour la Tunisie, dans une certaine mesure, bien entendu, ce qui avait été fait pour le Mexique. Seulement, cette fois, l'Angleterre fit sentir qu'elle n'entendait pas que les choses se passassent ainsi.

C'est alors que les prétentions pécuniaires de chacun ayant été produites, on dut arriver à l'arrangement au sujet duquel M. Jubinal demandait les explications dont nous venons de parler.

Quelle fut la conséquence de cette nouvelle situation faite à la Tunisie? Ce fut de la placer en présence de tous ses créanciers à la fois, et de la mettre dans l'impossibilité de contenter tout le monde en même temps.

Si, à cette époque, le cabinet des Tuileries avait été bien avisé, il aurait dû s'effacer prudemment, et, voyant son but manqué, remettre aux intérêts privés le soin de se garantir eux-mêmes.

Malheureusement il fallait compter avec l'amour-propre diplomatique, et M. de Moustier ayant fait un faux pas, ne voulut pas en convenir.

Il est donc certain que la situation faite aux capitaux français, ou pour mieux dire aux porteurs de titres Tunisiens, l'a été en grande partie par le gouvernement Impérial qui, dans un but que tout le monde comprend, du reste, est venu troubler un arrangement en cours d'exécution et détruire, dans leur germe, les fruits que cet arrangement pouvait contenir.

C'est pourquoi nous ne pouvons concevoir qu'un ministère qui ne saurait, à aucun point de vue, être rendu solidaire des fautes commises par un Cabinet qui prétendit n'en avoir jamais commis une seule, vienne endosser aujourd'hui la responsabilité d'actes qui ne lui appartiennent en aucune façon, et assumer une nouvelle responsabilité morale, en discréditant, par des insinuations sans doute irréfléchies, un gouvernement que, dans l'intérêt de ses nationaux, il devrait plutôt soutenir que démonétiser.

Nous avons dit tout ce que nous avions à dire pour repousser les injustes attaques dont Mehemet-Sadik a été l'objet.

Maintenant, pour rentrer dans le domaine des affaires, nous ajouterons que les porteurs de titres tunisiens français n'ont, en réalité, aucune crainte à concevoir. Le débiteur en présence duquel ils se trouvent présente des garanties qui ne peuvent s'évanouir.

Que des actionnaires d'une Compagnie de chemins de fer ou d'une Société industrielle prennent peur, lorsqu'ils voient cette Compagnie ou cette Société manquer à ses engagements, cela est tout naturel. Dans ce cas, en effet, le malaise tient à un vice d'organisation qui peut le plus souvent entraîner la ruine absolue de la Compagnie ou de la Société. Il arrive que les sources de revenus se tarissent, et qu'alors l'instrument social n'ayant plus d'objet sur lequel il puisse exercer son activité, devient une valeur négative, bonne seulement à grever encore la situation, par cela seul qu'il perd chaque jour de sa valeur intrinsèque.

Mais il n'en est pas ainsi des garanties sur lesquelles reposent les intérêts engagés en Tunisie. Ici c'est le revenu du sol qui sert de gage. Or, ce revenu peut bien manquer pendant un an, deux ans, trois ans même; mais il y a toujours un moment où ce revenu existe, et alors la garantie reprend toute sa valeur.

Nous voulons même nous placer dans l'hypothèse la moins avantageuse et admettre, par impossible, la mauvaise foi du débiteur, c'est-à-dire du bey. Faut-il s'alarmer davantage pour cela?

Nullement; car dans cette hypothèse encore le froissement, ou pour mieux dire, la souffrance des intérêts ne peut être que passagère. Si le bey était tellement puissant qu'il pût refuser de se soumettre aux obligations par lui contractées, avec des chances de ne pou-

voir être contraint, on comprendrait qu'il y eût lieu
de craindre; mais est-ce ici le cas? N'est-il pas certain,
au contraire, que du jour où sa mauvaise foi serait
prouvée, il serait exécuté soit par la France, soit par
l'Angleterre, soit par l'Italie, soit même par ces trois
puissances réunies. Il n'y aurait plus, alors, qu'une
question politique à régler entre elles; mais du moment où elle le serait, Mehemet-Sadik serait obligé
de s'incliner ou de céder; donc, à quelque point de vue
que l'on se place, il n'y a finalement aucune crainte à
concevoir.

Enfin, pour en finir une fois pour toutes avec le
reproche de mauvaise foi qui lui est adressé, nous
dirons qu'il a tout intérêt à agir franchement; car
rien n'étant plus fâcheux pour un gouvernement comme
pour un particulier, que de voir des étrangers s'ingérer dans vos affaires; quand on est le plus faible, on
a tout intérêt à marcher droit pour ne pas s'exposer à
y être violemment obligé.

Justin NEU.

PARIS.—IMPRIMERIE CENTRALE DES CHEMINS DE FER.—A. CHAIX ET Ce, RUE BERGÈRE, 20 —59.6-0.